AF399646

FSC
www.fsc.org
MIX
Paperi vastuul -
lisista lähteistä
Paper from
responsible sources
FSC® C105338

Aulis Antamaa

Kummat silmät, paskanen tukka

- Iskelmälyriikan inhotuimmat

Kustantaja: BoD – Books on Demand, Helsinki, Suomi

Valmistaja: BoD – Books on Demand – Norderstedt, Saksa

ISBN: 9789523390867

Sisällysluettelo

Poloiset

Vanha parkkipirkko

on aamu varhainen, hämärtää, kaikki nukkuu

vain vanha parkkipirkko kadulla on aikaisin

vaan miksi yksinään hän jo ylhäällä kukkuu

hän miksi kaupunkia kiertää vallan jalkaisin

nuo autot parkeissaan näkee kun ohi kulkee

hän palaa aikaan menneeseen

ja vaipuu muistoihin

on eläkkeellä jo, vaan kun silmänsä sulkee

taas tarttuu toimeen entiseen

ja sakkolappuihin

jos kerran hän parkkisakon kirjoittaa saa

se unta on vain, jäi parkkipirkon hommat taa

kun väärin pysäköivät ja uskoneet ne eivät

hän oitis sakkolapun lasiin kiinnitti

taas ensi yönä ei unta saa, ulos hiipii

tuo vanhaparkkipirkko kadulla taas tallustaa

on hiukset harmaat jo, harmitus päätä riipii

kun väärin parkkeeratut autot häntä vituttaa

kas viereen pysähtyy volvon vanhan ja tarkan

hän suuntaa potkun renkaaseen

ja päälle pieraisee

myös rikkoo pyyhkimen

kasvot vääntyvät aivan

kun katkeruuttaan purkaa, kohtalolleen kiroilee

jos kerran hän parkkisakon kirjoittaa saa

se unta on vain, jäi parkkipirkon hommat taa

kun väärin pysäköivät ja uskoneet ne eivät

hän oitis sakkolapun lasiin kiinnitti

taas ensi yönä ei unta saa, ulos hiipii

tuo vanhaparkkipirkko kadulla taas tallustaa

on hiukset harmaat jo, harmitus päätä riipii

kun väärin parkkeeratut autot häntä vituttaa

Pieni kakkanen

käytävään puiston kesäisen vain

kuljin kerran ma luo oman rakkahimpain

kuljettiin käsi kädessä niin, toisiimme katsottiin

muista veisattu ei, onni huomion vei

kakkasen tielle toi, sitä huomattu lainkaan ei

tunnelmaan pieni kakkanen noin

särön ikävän loi niin tuoksullaan

tuo kakkanen pienin kakka lemmikin on

jos siihen astuu niin se tuhoaa tuokion

tunnelmaan pieni kakkanen noin

särön ikävän loi niin tuoksullaan

Oon kunnon suomalainen

on kaunis kieli suomi

se on mun äidinkieli

mä ruotsia en haasta

oon kunnon suomalainen

en juuri matkustele maailmalla

mä viihdyn koto-suomen taivaan alla

on täällä muukalaiset edelleenkin harvassa

ja tummia vain siellä täällä on

mä istun kavereiden kuppiloissa

on sieltä mutakuonot aina poissa

ne jääköön slummeihinsa sinne missä

meikäläinen niihin ei koskaan törmää

on päivät raskaita ilman työtä

ei onni ollut ole aina myötä

sen sietää saan, oon kunnon suomalainen

on kaunis kieli suomi, se on mun äidinkieli

mä ruotsia en haasta, oon kunnon suomalainen

on toisen onni mulle vain pelkkä painajainen

mä haluun kaiken mulle

oon kunnon suomalainen

on täällä aika paljon kummallista

viherpiipertäjää piinallista

ne tahtoo maahan tavallisen talloa

ja muuttaa homman pervoiluksi vaan

mä tempaan kouraani polttopullon

sen neiti homopellen housuun sullon

ja sitten juoksen hätämajoituksen luo

ja siellä kiven ikkunaan nakkaan

on päivät raskaita ilman työtä

ei onni ollut ole aina myötä

sen sietää saan, oon kunnon suomalainen

on kaunis kieli suomi, se on mun äidinkieli

mä ruotsia en haasta, oon kunnon suomalainen

on toisen onni mulle vain pelkkä painajainen

mä haluun kaiken mulle

oon kunnon suomalainen

Elviira paskalla

hädän tullen sitä kaksin kerroin taipuu

jos viipymättä ei pääse tarpeilleen

siinä puuhat muut pian taustalle haipuu

ja paikkaa etsii vain toimitukselleen

kas tyttö tää on pulman kohdannut

on puistikossa pöksyt riisunut

on vallan näky hervoton, elviira paskalla

hän kyykkii luona pensaikon, elviira paskalla

nyt kaiken saa hän huomion, elviira paskalla

vaan kenpä lukis tuomion, on pakko paskantaa

puiston lehmukset ne hiljaa huminoivat

vaan lapsilauma käy kohta ilkkumaan

fiini rouva saapuu perässänsä koirat

ja kohta kilvan ne ryhtyy haukkumaan

ken puistoon joutuu kyykkyyn kakkimaan

hän seuraksensa monta riesaa saa

on vallan näky hervoton, elviira paskalla

hän kyykkii luona pensaikon, elviira paskalla

nyt kaiken saa hän huomion, elviira paskalla

vaan kenpä lukis tuomion, on pakko paskantaa

viimein helpotuksen tunne tytön valtaa

hän ylös nousee ja jatkaa taivaltaan

kokemuksen muistaa monen monta kertaa

ja nyttemmin jo sille nauraa vallan vaan

ken kerran puistikossa paskantaa

ei moista kaipaa enää uudestaan

on vallan näky hervoton, elviira paskalla

hän kyykkii luona pensaikon, elviira paskalla

nyt kaiken saa hän huomion, elviira paskalla

vaan kenpä lukis tuomion, on pakko paskantaa

laa laa laa la la la la laa, elviira paskalla

laa laa laa la la la la laa, elviira paskalla...

Kummat silmät, paskanen tukka

kummat silmät paskanen tukka

katson niitä hyljeksien

puhjennut on poskeensa kuppa

lähelleen nyt tahdo mä en

kummat silmät paskanen tukka

ennen oli hän mun ainoain

raiteiltain nyt oon tyttö rukka

inhoan niin häntä vain

elämäni muuttuneen luulin

kun kerran hänet kohtasin

alttarilla kellot kun kuulin

mä onnestain vain uneksin

miten niin väärässä voikaan

olla pieni ihminen

niin vähän onni mulle soikaan

kun tuska seuranain on vaan

kummat silmät paskanen tukka

katson niitä hyljeksien

puhjennut on poskeensa kuppa

lähelleen nyt tahdo mä en

kummat silmät paskanen tukka

ennen oli hän mun ainoain

raiteiltain nyt oon tyttö rukka

inhoan niin häntä vain

vapaus vain hälle maittaa

se hyvin harmillista on

lainkaan ei häntä haittaa

vaik oisin mä näin onneton

vieraissa aina hän juoksee

ja muille sillä leveilee

jos pyydän häntä ma luoksein

hän nauraa vain mun toiveellein

kummat silmät paskanen tukka

katson niitä hyljeksien

puhjennut on poskeensa kuppa

lähelleen nyt tahdo mä en

kummat silmät paskanen tukka

ennen oli hän mun ainoain

raiteiltain nyt oon tyttö rukka

inhoan niin häntä vain

Päivät söin lunta vain

jo toukokuussa tavattiin

ja kesä yhdessä me kuljettiin

lauloin kanssa lintusten

leikin lailla lapsosten

kuljin kanssas riemuiten

kun sä katsoit silmiin mun

mä jälleen tunsin onnen kaivatun

hiukan silloin pelkäsin

että hetki kauniskin

pian päättyis aavistin

päivät söin lunta vain

menin pois mä raiteiltain

pellit kiinni kun löin

valvoin illoin valvoin öin

kun kesä päättyi taasen näin

mä jälleen kerran aivan yksin jäin

me tuskin vielä tunnettiin

vasta äsken haaveiltiin

sitten menit naimisiin

kun kesä loppui lähdit pois

sä mulle kerroit ettet jäädä vois

sut toiselle kun naitettiin

lähdit kauas pariisiin

itse jouduin helvettiin

päivät söin lunta vain

menin pois mä raiteiltain

pellit kiinni kun löin

valvoin illoin valvoin öin

Suljen silmät ja annan

loppui huomaamatta rakkaus

arki vastaan hiipi hiljaa

päivät harmaat vaihtuu iltaan

jota lainkaan odota en

kuinka kauan aion jaksaa

tylsää naamaa, löysää vatsaa

mutta kunnes löydän uuden

silmät suljen kohtaloltain

siihen hetkeen tää kaikki jatkuu

kunhan jaksan oottaa vaan

suljen silmät ja annan, ilman en mä tahdo olla

ihan piruuttani annan, annan aivan sovinnolla

suljen silmät ja annan

jossain muualla mä lienen

vaikket mitään mulle merkkaa

suljen silmät, sulle annan

kuinka kauan aion jaksaa

tylsää naamaa, löysää vatsaa

mutta kunnes löydän uuden

silmät suljen kohtaloltain

siihen hetkeen taa kaikki jatkuu

kunhan jaksan oottaa vaan

suljen silmät ja annan

ilman en mä tahdo olla

ihan piruuttani annan

annan aivan sovinnolla

suljen silmät ja annan

jossain muualla mä lienen

vaikket mitään mulle merkkaa

suljen silmät, sulle annan

Raskauden jälkeen

ei väli koipien oo ennallaan

se pelkkää arpee on ja mustelmaa

mun hiukset harvenee ja katkeilee

ja rinnat turpoilee ja kipuilee

kun peiliin vilkaisen, mä hymähdän

näen naisen turvonneen ja ymmärrän

tää osa äidin on, ei enempää

mä lapsen saanut oon, loin elämää

mä olin synnyttänyt kyllä ennenkin

mutten tiennyt kuinka toisinkin

nyt kaiken kokea voin näinkin mielessäin

mä lapsen työnnän nyt syrjään sylistäin

tuo ääni sisälläin taas tikittää

jos ei se vaikene niin halkee pää

mä miestäin ymmärrän, hän lapsein vie

jää mulle autius ja mieron tie

niin tekee kipeää, mut sanon moi

Jos kondiittorin nait

jos sä siipaksesi kondiittorin nait

monta riesaa siinä kaupan päälle sait

kenties jotain muuta rinnalles alkujaan hait

häntä et sä koskaan aamulla nää

tyhjänä on sängyn toinen pää

leivinuuni varhain leivokset nielaisee

kodin oven kun hän aukaisee

silloin häntä aina raukaisee

pitkä päivän jälkeen pehkuihin kaatuupi mies

aa, aa...

jos sä siipaksesi kondiittorin nait

monta riesaa siinä kaupan päälle sait

kenties jotain muuta rinnalles alkujaan hait

aa, aa, aa-a, aa-a, aa...

pullan, patongin ja wienerin

syönyt olet kerran, toisenkin

kilot kertyvät vuosien varrella näin

kun sä viimein hänet vierellesi sait

jauhot pöllähtivät kasvoillesi kait

leivinrasvan tuoksun tunsit sä ummehtuneen

aa, aa, aa...

Elmeriltä taudin sain

mä elmeriltä taudin sain

lekurille meen kun aamu koittaa

enpä taida sille enää soittaa

menköön helvettiin vain

elmeriltä taudin sain

anteeksi en aio sille antaa

mieluummin mä nielen vaikka lantaa

piittaa enää en lain

elmeriltä taudin sain

ilman kumia kun annoin panna

enää milloinkaan en sille anna

ikävyyksiä hain

mä lääkekuurin vahvan sain

on selibaatti yksin seuranain

mut elämää tää onhan vain

mä tokenen ja paranen

elmeriltä taudin sain

ilman kumia kun annoin panna

enää milloinkaan en sille anna

ikävyyksiä hain

taudin elmeriltä sain

lekurille aamu kun koittaa

enpä taida soittaa

menköön helvettiin vain

mä lääkekuurin vahvan sain

on selibaatti yksin seuranain

mut elämää tää onhan vain

mä tokenen ja paranen

elmeriltä taudin sain

lekurille meen kun aamu koittaa

enpä taida sille enää soittaa

menköön helvettiin vain

Mulle

mulle, minulle kaikki vain

mulle, muusta ei huolta lain

kunhan vaan mä kaiken saan

on hommat aivan mallillaan

kun vain mulle, tarpeeksi annetaan

mulle, pyyteettä kannetaan

köyhän nään ja käännän pään

se eihän kuulu mulle pätkääkään

kasvoin perheeseen jossa me puutetta nähty ei

hyvinvointia peitelty meillä me koskaan ei

vuodet ympäri maailman meitä ne aina vei

kirsikat kakun päältä mä söin

ja aina kun mä paskoin nurkkiin vieraiden

vain jatkoin matkaa naurain

mulle, minulle kaikki vain

mulle, muusta ei huolta lain

kunhan vaan mä kaiken saan

on hommat aivan mallillaan

kun vain mulle, tarpeeksi annetaan

mulle, pyyteettä kannetaan

köyhän nään ja käännän pään

sei eihän kuulu mulle pätkääkään

sijoitukseni mulle nuo turvan tuo tuottoisan

uuden autoni verran mä vuosittain nettoan

luuserit naapurin varmaan jälleen nuo peittoan

kurkkuun luun niille taas kerran lyön

ja aina kun ne hyppii varpailleni mun

mä väännän turboruuvii

mulle, minulle kaikki vain

mulle, muusta ei huolta lain

kunhan vaan mä kaiken saan

on hommat aivan mallillaan

kun vain mulle, tarpeeksi annetaan

mulle, pyyteettä kannetaan

köyhän nään ja käännän pään

ei mulle kuulu pätkääkään

ja näin mulle vain, kaikki vain

kunhan vaan mä kaiken saan

on hommat aivan mallillaan

nyt siis mulle kaikki vaan kun kannetaan

kunhan vaan mä kaiken saan

on hommat aivan mallillaan...

Lintuset

Paskon keskelle siltaa

yli veden ja hiekan mä heitän taas keikan

on mielessäin mulla nyt vain nuo vihreät niityt

olen hanhi ja lennän ihan minne vain ennän

jos nurmea jossakin nään, mä sinne heti isken

niin paljon mä tunnen

kun kortta nokkaani tungen

ei väliä muulla kunhan ruohoa saan

paskon keskelle siltaa, pilaan ihmisten iltaa

päivälläkin riesa oon, jossen katoo kaislikkoon

haistatan ihmisille, sitten sihisen niille

rauha suokaa ruokailulle, älkää alkako mulle

paskon keskelle siltaa, pilaan ihmisten iltaa

päivälläkin riesa oon, jossen katoo kaislikkoon

antaa vetää siitä vaan, antaa vetää siitä vaan

mä taaperran tässä, olen nurmikon ässä

sä tieltäni poissa nyt pysy kun märehdin ruokaa

sä miksi et kässää et mä paskannan tässä

on maailma kotini mun, sä häivy siitä hiiteen

niin paljon mä tunnen

kun kortta nokkaani tungen

ei väliä muulla kunhan ruohoa saan

paskon keskelle siltaa, pilaan ihmisten iltaa

päivälläkin riesa oon, jossen katoo kaislikkoon

haistatan ihmisille, sitten sihisen niille

rauha suokaa ruokailulle, älkää alkako mulle

paskon keskelle siltaa, pilaan ihmisten iltaa

päivälläkin riesa oon, jossen katoo kaislikkoon

haistatan ihmisille, sitten sihisen niille

rauha suokaa ruokailulle, älkää alkako mulle

paskon keskelle siltaa, pilaan ihmisten iltaa

päivälläkin riesa oon, jossen katoo kaislikkoon

häivy siitä ihminen, häivy siitä ihminen

mä ruokailen

Ollapa niin kuin ankka

aamu uusi ankkalinnan

nousee loistoon auringon

kesäpäivän ihanimman

ankat saaneet taasen on

hierrä eivät housut jalkaa

pyrstö keikkuu vaappuen

hyvä näin on päivä alkaa

vaikka hiukan kvaakkuen

ollapa niin kuin ankka

lintu tuo vallaton maan

ollapa niin kuin ankka

housuitta keikkuisin vaan

mut ihminen oon

jään unelmoimaan

viimein muutin ankkalampeen

luulin kaiken muuttuneen

svenskit hääri siellä täällä

jotain tunsin puuttuneen

ollapa niin kuin ankka

lintu tuo vallaton maan

ollapa niin kuin ankka

housuitta keikkuisin vaan

mut ihminen oon

jään unelmoimaan

mut ihminen oon

jään unelmoimaan

aamu uusi ankkalinnan

nousee loistoon auringon

kesäpäivän ihanimman

ankat saaneet taasen on

ollapa niin kuin ankka

lintu tuo vallaton maan

ollapa niin kuin ankka

housuitta keikkuisin vaan

mut ihminen oon

jään unelmoimaan

Viisitoista pesää

saaren pienen omistin

viihdyin siellä yksinkin

oi sitä rauhaa

mä kuulin laineen liplatuksen

ja linnun pienen liverryksen

tuo pakopaikka mulle oli

vailla vertaa

vaan sitten tuli merimetso tuli toinenkin

ja kohta niitä pesi siellä koko parvikin

enää idyllistä jäljellä ei ollut yhtään mitään

viisitoista pesää mä ensin tuhosin

ja tuhoon monta lisää mä myöskin uhosin

muuten minulle ei enää voi tulla uutta kesää

ennen sain täällä nautinnon

näin vehreät puut ja kallion

oi sitä rauhaa

nyt peitossa valkean paskan vaan

nään laiturin mun sekä kasvimaan

oon harmissain ollut

monta kertaa

viisitoista pesää mä viimein tuhosin

ja tuhoon monta lisää mä myöskin uhosin

eihän kukaan kestä loputtomiin

pistävää moista löyhkää

poltin koko saaren ja maata kaskesin

ja surressani sitä vielä juomaan ratkesin

nyt mä murtuneena odottelen

tulevaa uutta kesää

kun mä urakan sain päätökseen

niin mä mietin mihin nyt meen

hyppäsin mereen

vaan sieltä ponnahdin nopeesti pois

eihän paskameressä viihtyä vois

kunpa ensi kesä jo ois

viisitoista pesää kun viimein tuhosin

mä monta kesäpäivää siinä kyllä menetin

meni metsot mutta muutakaan

ei jäänyt mulle enää

yksin kun poltetulle saarelleni jäin

mä mietin sitä kaiken päivää taaskin mielessäin

voiko minulle tulla enää

milloinkaan uutta kesää

voiko minulle tulla enää

milloinkaan uutta kesää

Titi-tyy

titi-tyy, titi titi, titi-tyy

mieli on huoleton

titi-tyy, titi titi, titi-tyy

olo on aivoton

titi-tyy, titi titi, titi-tyy

hoilottaa kailottaa

titi-tyy, titi titi, titi-tyy

laulu on mahdoton

vielä hetken jos lirkuttaa

linnun lailla kun sirkuttaa

kauas kaikki hän karkottaa

maihin hiljaisempiin

titi-tyy, titi titi, titi-tyy

ystävät jo lähtivät

titi-tyy, titi titi, titi-tyy

laulaa vaan kai ainiaan

laulaja tuo iloinen visertelee suloinen

vaan ei mieleen kaikkien ole laululintunen

la la laa la la laa

la la laa la la laa

titi-tyy, titi titi, titi-tyy

titi-tyy, titi titi, titi-tyy

vielä hetken jos lirkuttaa

linnun lailla kun sirkuttaa

kauas kaikki hän karkottaa

maihin hiljaisempiin

titi-tyy, titi titi, titi-tyy

ystävät jo lähtivät

titi-tyy, titi titi, titi-tyy

laulaa vaan kai ainiaan

laulaa vaan kai ainiaan

tIti-tyy

Pervot

Kumma paimen

ei nähty ilmoilla ihmisten

hän viihtyi parissa vain lampaiden

hän hoiti laumaa kuin perhettään

ei lampolasta poissa ollut edes öisinkään

hän hellin ottein keri karitsan

ja villan tuotti siitä seudun parhaimman

vaan illoin pahat oli mielessään

kun öisin vietti aikaa lampaat vieressään

tuo kumma paimen

suojatilleen temput teki kun

hän reikään mustaan sauvan työnsi rasvatun

tuo kumma paimen

lampaan kanssa tunsi hurmion

vaan puuhat moiset teille veivät turmion

hän seurakseen löysi vaimokkeen

ja kulissin sai siitä oivan itselleen

kun päivät vietti perhe-elämää

niin öisin kuiski salaa lampaille hän bää

vaan naapurilta kuuli vaimo sen

mitä millään uskoa tahtois ei ken:

sä luulet mies tuo on sinun vaan

mut öisin hellii hän vain lampaitaan

tuo kumma paimen

suojatilleen temput teki kun

hän reikään mustaan sauvan työnsi rasvatun

tuo kumma paimen

lampaan kanssa tunsi hurmion

vaan puuhat moiset teille veivät turmion

ei unta saanut vaimo aatteiltaan

kun väitteet moiset veivät mielen raiteiltaan

niin teeskenteli vaimo nukkuvaa

ja perässä miehen hiipi kohden lampolaa

hän hiljaa avas oven lampolan

mies vallan hytkyi päällä pienen karitsan

kun kirveen iski selkään paimenen

sai päälle lausutuksi pelkän aamenen

tuo kumma paimen

suojatilleen temput teki kun

hän reikään mustaan sauvan työnsi rasvatun

tuo kumma paimen

lampaan kanssa tunsi hurmion

vaan puuhat moiset teille veivät turmion

Mamma, mies seisottaa kalua

mamma, tuo mies taas seisottaa

mamma, hän jäänyt on puun taa

housut polviin laskenut lie

kohta käden kalullensa varmaan vie

oi mamma, hän avaa poplarin

niin kuin aavistin

karvapehko pikimusta ympäröi sen kapistusta

mamma, hän seisottaa

mamma, kun mies vain seisottaa

mamma, nyt mitä tehdä saa

en kai vastustella mä voi

kun hän mulle ison karkkipussin toi

oi mamma, hän aivan huohottaa

kouraan tumputtaa

kerro mamma onko laitaa

kun mies runkkaa ilman paitaa

mamma, mua naurattaa

Sorry jos oon neiti

ooh, tuolla ne nauraa taas

mitä voin mä itsellein

sanon: sorry jos mä oon neiti

oon mies vainen erilainen

lanteet keinuu mennessäin

missä kuljen siellä katseet saan

laa la laa la laa

jos mä vaikka kauppaan lähden

tällään meikit naamaillein

näin arkeenkin mä juhlan tunnun saan

sorry jos oon neiti, sorry jos oon neiti

mutta parhaiten, parhaiten

keimailen ja leikin kanssa erkin heikin

heitän herjaa vaan, kolmistaan

sorry jos oon neiti, sorry jos oon neiti

nautin roolistain, roolistain

mun roolistain

kun mä puuhkan laitan kaulaan

taikka kulmat valkaisen

mä tunteen löydän ainutkertaisen

laa la laa la laa

yhtään ei mua juorut haittaa

elän näin vain itsellein

muut on kuin on, mä löydän tähtiin tien

sorry jos oon neiti, sorry jos oon neiti

mutta parhaiten, parhaiten

keimailen ja leikin kanssa erkin heikin

heitän herjaa vaan, kolmistaan

sorry jos oon neiti, sorry jos oon neiti

nautin roolistain, roolistain

mun roolistain

pallit sheivaan, huudan hei vaan

alta pois nyt bailataan

on kaikki kohdallaan kun elää saan

sorry jos oon neiti, sorry jos oon neiti

mutta parhaiten, parhaiten

keimailen ja leikin kanssa erkin heikin

heitän herjaa vaan, kolmistaan

sorry jos oon neiti, sorry jos oon neiti

nautin roolistain, roolistain

mun roolistain

Mekkomies

mä oon mekkomies, nailonit jalas

korkkarit päällä, stringit alla

jo poikana tiesin mä oon mekkomies

vaikka polkunsa tallata vois helpommalla

mä oon mekkomies ja sillä selvä

mun mieli syttyy naisen hepenistä

blondi peruukki on mekkomiehen suosikki

ja irtoripset käyvät tällingistä

päivisin kärsin kun sorvin eessä järsin

tunteja en hukkaa kun yöllä puhkeen kukkaan

usein tällä tiellä saan ylpeyteni niellä

oon mekkomies, mä lakkaa laitan tukkaan

mä oon mekkomies ihan joka säällä

mä itseäin en enää kiellä

kiusana huudot ja ilkivalta

se aina ei tunnu mukavalta

päivisin kärsin kun sorvin eessä järsin

tunteja en hukkaa kun yöllä puhkeen kukkaan

usein tällä tiellä saan ylpeyteni niellä

oon mekkomies, mä lakkaa laitan tukkaan

mä oon mekkomies, baanalle kiire

takana töitä, nyt valvon öitä

silmiin lilaa ja poskiin punaa

uumaan sovittelen kultavöitä

mä oon mekkomies, villi ja vapaa

uudet kuteet, lähden seikkailuun

on aamuun aikaa, ei huolen häivää

mä kenties uskaltaudun flirttailuun

päivisin kärsin kun sorvin eessä järsin

tunteja en hukkaa kun yöllä puhkeen kukkaan

usein tällä tiellä saan ylpeyteni niellä

oon mekkomies, mä lakkaa laitan tukkaan

mm.. menen taas

mä lakkaa laitan tukkaan

oo.. menen taas

mä lakkaa laitan tukkaan...

Homohäät

kas sateenkaarilipun näät

kun on homoilla hassut häät

jollain pyllyssä on tappi

kaatuu kaappi alle jäät

vanha kääkkä vetää kaljaa

sekaisin nuppi on

hamuilee boolimaljaa

kaataa juhlakaluston

joku nussii sulhaspoikaa

kuinka hyvää tehdä voikaan

vaikkei valssi vielä soikaan

soihan paikat tiukimmin

lal lal la lalla lalla lalla...

myös mulle hiukan antakaa

jo vanha hintti parahtaa

kai kohta päästään asiaan

en enää jaksa kauempaa

kun katsoo nuorta lempeä

ei jaksa olla hempeä itsekään

lal lal la lalla lalla lalla…

torpan vessassa sulho on

polvillansa ja estoton

ottaa poskeensa kunnon mulkun

paisuu suussa, hervoton

kääntyy kontilleen miehen eessä

mies on vieras vallaton

temput tekee mies perseessä

hauskaa kummallakin on

toinen sulho astuu vessaan

nauraa ensin huomatessaan

heittää estot riisuessaan

liittyy seuraan rattoisaan

lal lal la lalla lalla lalla…

myös mulle hiukan antakaa

jo vanha hintti parahtaa

kai kohta päästään asiaan

en enää jaksa kauempaa

kun katsoo nuorta lempeä

ei jaksa olla hempeä itsekään

Metsämökin hintti

jo nukkui koko valtakunta

mutten millään saanut unta

siis lähdin metsähän menemään

kun mä kuljin pari kilsaa, alkoi olla aika kalsaa

sitten näin mä matkan päässä

mökin pienen noin

hiivin luokse sievän tönön

ikkunasta näin mä hönön

jonka kaltaiselle pelkän vinon hymyn soin

sitten koputin mä oveen

lankes hemmo heti loveen

kaluun seisovaan kauhuissain katseen loin

mun mulkkuni joutui hintin hyppysiin

mä kyytiä kovaa sain

kun tuikkasin molon hemmon hanuriin

mä kohta jo äijää nain

sai yöllinen puuha minut aatoksiin:

oi unta mä näinkö vain?

meno villimmäksi muuttui

siitä hellyys täysin puuttui

laitaa touhussa ei ollut enää laisinkaan

jossain kukkui ehkä käki, mieleen tuli kotiväki

jolle kokemusta kertoisi en varmaankaan

onko tämä kohta loppu, mulle tuli vähän hoppu

juttu överiksi meni totta tosiaan

mun mulkkuni joutui hintin hyppysiin

mä kyytiä kovaa sain

kun tuikkasin molon hemmon hanuriin

mä kohta jo äijää nain

sai yöllinen puuha minut aatoksiin:

oi unta mä näinkö vain?

pääsin kynsistä mä hönön

jätin taakse pienen tönön

juoksin pimeässä tietä kotiin etsien

housut jäivät luokse hintin

kuulin laulun talitintin

kun mä hädissäni riensin halki metsien

luulin pahemminkin tyrin

loppu hyvin kaikki hyvin

kun mä viimein vaimon viereen kävin kömpien

mun mulkkuni joutui hintin hyppysiin

mä kyytiä kovaa sain

kun tuikkasin molon hemmon hanuriin

mä kohta jo äijää nain

sai yöllinen puuha minut aatoksiin:

oi unta mä näinkö vain?

Dille oon

löin mä pään vain kerran

sattui se sen verran

että kaikki sekos

oon ding dinge dong

valvoin myöhään yöhön

lähtenyt en työhön

korvissani soi nyt vain ding dang dong

dille oon, nyt vain nukun

roskiin kohta hukun

ikkunasta huudan mä cha cha chaa

dille oon, nauran lujaa

juoksen pitkin kujaa

ilman rihman kiertämää laulan vaan

näin ding dang dong

kai sä arvaat sen nyt

töihin kun en mennyt

potkut sain ja yhä oon ding dinge dong

kyydin piipaa-auton sain ja ruoka mauton

hoitolassa tarjottiin ding dang dong

dille oon, nyt vain kukun

piikkiin kohta totun

sairaalassa huudan mä cha cha chaa

dille oon, nauran lujaa

kierrän umpikujaa

ilman huolen häivää mä laulan vaan

näin ding dang dong

ding dang dong, dinge dang dong

lyön päätäni seinään ja kiljaisen mut

aivan kohta tuo hoitajan piikki

minut on taas nukuttanut

ding dang dong vaivun turtana sänkyyn

hoitsu minut pian peittelee…

kun mä karkuun pääsin

lauloin tutun biisin

sanat meni jotenkin ding dinge dong

laulu lohdun antoi

askeleeni kantoi

vaikka päässä löikin vain ding dang dong

dille oon, taas vain nukun

roskiin yhä hukun

ikkunasta huudan mä cha cha chaa

dille oon, nauran lujaa

juoksen pitkin kujaa

ilman rihman kiertämää laulan vaan

dille oon, taas vain nukun

roskiin yhä hukun

ikkunasta huudan mä cha cha chaa

dille oon, nauran lujaa

juoksen pitkin kujaa

ilman rihman kiertämää laulan vaan

näin ding dang dong

Takaa, takaa, takaa

oon ilman ollut kauankin

nyt kelpaa kohta äitikin

hävettää

sut äsken vasta kohtasin

ja heti sauman hyödynsin

hirvittää

nyt kimppuun käyn ja tarraudun

näin vieteilleni antaudun

mä silmät kiinni laitan kun

sun päälles tiukkaan painaudun

takaa, takaa, takaa, kun sä makaat

sinut ottaisin

takaa, takaa, takaa, että makaat ylösalaisin

ahaa, ahaa...

viimein persettä saan

mutta tahdon sinut takaa

muuten masennun

sä takaa oot kuin enkeli

mut eestä oot kuin mankeli

hirvittää

mut tyytyä saan kohtaloon

tai puute ajaa turmioon

hävettää

siis silmät kiinni laitan kun

sun sisään jälleen tunkeudun

on eessäin ehtaa tavaraa

ei enää tarvii tumputtaa

takaa, takaa, takaa, kun sä makaat

sinut ottaisin

takaa, takaa, takaa

että makaat ylösalaisin

ahaa, ahaa...

viimein persettä saan

mutta tahdon sinut takaa

muuten masennun

Kouvola

Kouvola

jäi kouvolaan yön häivä elämää

ja elämään myös kouvola näin jää

illan kiihkeän sekä aamun lämpimän

sain viettää kanssa ystävän

mä ensin näin vain taivaan sinisen

kun saavuin luokse torin kivisen

kojun takaa näin sinun hahmos yllättäin

sä katsoit vastaan nauraen

ja ulpukan niin hennon keltaisen

sä annoit mulle, lausuin kiitoksen

koskin ulpukkaa ja sen pintaa pullukkaa

kuin miehuuttasi terhakkaa

niin kuljettiin me halki kaupungin

me kunnes tultiin luokse hotellin

toiseen kerrokseen minut kannoit hymyillen

me mentiin suoraan vuoteeseen

ja aamuyöllä viimein uuvuttiin

me kymenlaakson rauhaan uinuttiin

kuulin unessain kännikalain huudot vain

ja pyysin vielä kierroksen

jäi kouvolaan yön häivä elämää

ja elämään myös kouvola näin jää

illan kiihkeän sekä aamun lämpimän

sain viettää kanssa ystävän

Kun Kouvola kuoli

pipariksi vain meni matka meiltä kaakkoon

lähdimme kouvolaan, päädyimme loviisaan

oli päivä tuo kaunein kai

kun me matkaan lähdettiin

lämpö mielenkin hehkumaan sai

vauhti päällä on vieläkin

reput niskaan heitettiin

pikalinjaan astuttiin

parit bisset kehiin vaan

jäivät huolet unholaan

ei oltu moksiskaan

me vaikka päästykään ei kouvolaan

pääsimmehän sentään loviisaan

pääsimmehän sentään loviisaan, kahdestaan

ei oltu moksiskaan

me vaikka päästykään ei kouvolaan

loviisassa meno on rennompaa

loviisassa elo on rennompaa, kahdestaan

takapenkillä linjurin

meno hurjaksi villiintyi

pullo tyhjeni kolmaskin

kuski paikalle ilmestyi

ette pääse kouvolaan

kuski huusi raivoissaan

saatiin potkut persuksiin

meidät ulos poistettiin

ei oltu moksiskaan

me vaikka päästykään ei kouvolaan

pääsimmehän sentään loviisaan

pääsimmehän sentään loviisaan, kahdestaan

ei oltu moksiskaan

me vaikka päästykään ei kouvolaan

loviisassa meno on rennompaa

loviisassa elo on rennompaa, kahdestaan

tiellä loviisan kyltin näin

oli tunnelma vallaton

matka uuden käänteen sai

oli kaunis perjantai

suunnitelmat muuttuneet

kevyemmät askeleet

ei oltu moksiskaan

me vaikka päästykään ei kouvolaan

pääsimmehän sentään loviisaan

pääsimmehän sentään loviisaan, kahdestaan

ei oltu moksiskaan

me vaikka päästykään ei kouvolaan

loviisassa meno on rennompaa

loviisassa elo on rennompaa, kahdestaan

Estottomat

Syntinen nainen

syntinen nainen mä oon

viettini vetää mailman tuuliin

viikkoon jos saanut en oo

tahtoisin jätkää, pitkää tai pätkää

kun taival miehen taas tielleni tuo

olen vahva niin jälleen tuumin

katsein mä kutsun mun luo

en aio estää jos hän vain kestää

seuraksein kelpaa jos jaksaa rakastaa

ei, vapauttani vie mies näin

jos kahlitsee, kohta olenkin jo tiessäin

en tarvitse sydänystävää, oon syntinen nainen

vuoteen me jaamme

jossa annamme ja saamme

syntinen nainen kaipaa jälleen vapauteen

selkäni käännän jos sun

hempeilevän tunnen mä liikaa

kerrassaan vain tuskastun

jos tahdot tietää mihin kohtalomme vie tää

perheen jos tahdot niin lausun näkemiin

ei, vapauttani vie mies näin

jos kahlitsee, kohta olenkin jo tiessäin

en tarvitse sydänystävää, oon syntinen nainen

vuoteen me jaamme

jossa annamme ja saamme

syntinen nainen kaipaa jälleen vapauteen

Sellanen ol Hampuri

oltiin niin kuin jotain vaille

mieli teki muille maille

jossa olis vähän jotain vauhdikkaampaa

hyvästeltiin kotipuoli

taakse jäi näin moni huoli

kamat kasaan sitten mentiin kohti satamaa

unelmoimme hampurista

arjalaisten kaupungista

jossa kannat kattoon lentäis kanssa kaverin

nussia sai siellä aina, siellä eivät huolet paina

aina saattoi jonkun löytää

jos sä satkun iskit pöytään

jos vain joku sanoi nein nein nein

sille hymyilimme vain vain vain

sellanen ol hampuri, sellanen ol hampuri

arjalaisten kaupunki

ilo oli loputonta, naista kaadoin aika monta

mutta kumin unohdin mä kanssa ingridin

kotona taas syksysäässä

kutinaa koin hepin päässä

tuliaisen peijakkaan sain hurjan hampurin

riesan sain mä tippurista

yllätyksen hampurista

jossa kannat kattoon lensi kanssa kaverin

nussia sai siellä aina, siellä eivät huolet paina

aina saattoi jonkun löytää

jos sä satkun iskit pöytään

jos vain joku sanoi nein nein nein

sille hymyilimme vain vain vain

sellanen ol hampuri, sellanen ol hampuri

arjalaisten kaupunki

Huora syrjäiseltä kujalta

hän ei ole kuosiltaan

enää ihan loistossaan

mutta tämä rämäpää

kyllä hommat osaa nää

hän huora vanha vain on lailla huorain toisten

hän elää öisin lailla syöpäläisten loisten

on tänne tullut kautta teiden kivikkoisten

on kontallaan tai polvillaan jos maksun saa

hän ei ole kuosiltaan

enää ihan loistossaan

mutta tämä rämäpää

kyllä hommat osaa nää

hän viimein kähisten ja naurain

hepenensä päältään riisuu

ja vanhat metkut lutkien

hän kyllä tuntee tarkalleen

hän kyllä kaiken osaa niellä

mitään ei hän sulta kiellä

jos lantin pystyt antamaan

ei nokkaa nosta konsanaan

hän ei ole kuosiltaan

enää ihan loistossaan

mutta taidon tärkeän

oppi kujallansa hän

hän viimein kähisten ja naurain

hepenensä päältään riisuu

ja vanhat metkut lutkien

hän kyllä tuntee tarkalleen

hän kyllä kaiken osaa niellä

mitään ei hän sulta kiellä

jos lantin pystyt antamaan

ei nokkaa nosta konsanaan

hän ei ole kuosiltaan

enää ihan loistossaan

mutta taidon tärkeän

oppi kujallansa hän

ei enää aivan loistossaan

Munahaukka

jo baariin munahaukka käy

kuumissaan kiiruhtaa

jo baariin munahaukka käy

aika on saalistaa

kiikariin kun miehen saa

sen tarkasti hän näin katsastaa

jo baariin munahaukka käy

vielä ei äijää näy

nyt saapuu nuori poikanen

lanteensa keinuen

jo saapuu nuori poikanen

viereen käy istuen

aikaile ei haukka tää

kas luontonsa kun on metsästää

siis kimppuun käypi poikasen

toimii vaistonsa sen

jo kourassansa pakaran

poikasen tuntee hän

ja pullottavan tavaran

tarkastaa kynsillään

voihkaisee kun kuoraisee

mut poikanen tuo vain hymyilee

nyt kotiin munahaukka käy

vaan poikaa missään ei näy

jo kotiin munahaukka käy

Huoruus on seikkailu

mitä silloin tapahtuukaan

jos on viettinsä vankina ain

kerta kerran jälkeen tuntuu

että kutina jatkuupi vain

jos ei tarpeeksi saa, voin vain laulahtaa

huoruus on seikkailu suunnaton

sekoile vain kokeile vain seuraavaa

huoruus on loisteessa kuutamon

kajossa sen varjoissa sen onnistaa

missä onkaan alusvaatteet

missä passi ja lompakko uus

viina huuhtoi jalot aatteet

jäi vain hulluus ja kohtuuttomuus

katso en taaksepäin, olen päättänyt näin

huoruus on seikkailu suunnaton

sekoile vain kokeile vain seuraavaa

huoruus on loisteessa kuutamon

kajossa sen varjoissa sen onnistaa

huoruus on huuruissa hurmion

nousuissa sen, laskuissa sen lankeaa

huoruus on haikeaa

Tahdon olla nakupelle

tahdon kanssas olla nakupelle

olkoon talvi taikka kesähelle

vaatteet vallan nurkkaan tahdon tästä heittää

tahdot kanssain olla nakupelle

toive tuo tuo lämmön sydämelle

hynttyyt turhat saa ei meitä enää peittää

niin kuumana oon

sun paljas runko on niin uskomaton

jos sä pyllistät mua päin

niin silloin ystäväin sua polkaisen näin

tahdot kanssain olla nakupelle

toive tuo tuo lämmön sydämelle

hynttyyt turhat saa ei meitä enää peittää

tahdon kanssas olla nakupelle

onnen soisit mulle, ihmiselle

kunnon varvit voisin kanssasi mä heittää

tahdon myöskin olla nakupelle

kunhan vain taas pääsen sinun alle

vartalos niin kaunis mulle kyllä riittää

niin kuumana oon

sun paljas runko on niin uskomaton

kun sä pyllistät mua päin

niin silloin ystäväin sua polkaisen näin

tahdon kanssas olla nakupelle

aina löydän aikaa sellaiselle

jolta vaatteet pyytämättä nurkkaan lentää

tahdon kanssas olla nakupelle

aina löydän aikaa sellaiselle

jolta vaatteet pyytämättä nurkkaan lentää

Syöpöt ja juopot

Kun kaljan antaa

on juoppo kadulla tuo näky lohduton

viinapullo hältä kadonnut kun on

kurkun kuivuus valtaa vallan mahdoton

on tullut aika auttaa pientä kulkijaa

apu lähimmäisen oitis ojentaa

pullo pilsneriä voinnin kohentaa

alla siltojen tähti-iltojen

nähnyt on hän himmenneen pois

teillä hesarin kaatui useinkin

paikata ken arpensa vois

kähisten kiitoksen juoppo näin sulle suo

hymyillen annoksen oitis janoonsa juo

kun kaljan antaa muuta tarvitse ei lain

olo kohenee kuin itsestään noin vain

ehkä toisen pyytää joskus ajoittain

alla siltojen tähti-iltojen

nähnyt on hän himmenneen pois

teillä hesarin kaatui useinkin

paikata ken arpensa vois

kähisten kiitoksen juoppo näin sulle suo

hymyillen annoksen oitis janoonsa juo

Koskaan et laihtua saa

kun sinut iskin, niin ensin näin läskin

sä koskaan et laihtua saa

puolees kun käännyn, nään hyllyvän pyllyn

sä koskaan et laihtua saa

olet parhaimillaan aina muhkeimmillaan

sulle herkut tuon maukkaimmat maan

mojovat muodot sun, niihin taas hullaannun

kanssas parhaimmat hetket mä jaan

jos nainen muuttuu, niin haaveeni haihtuu

sä koskaan et laihtua saa

ohra on ohraa, mut ihra on ihraa

sä koskaan et laihtua saa

olet parhaimillaan aina muhkeimmillaan

sulle herkut tuon maukkaimmat maan

mojovat muodot sun, niihin taas hullaannun

kanssas parhaimmat hetket mä jaan

jos nainen muuttuu, niin haaveeni haihtuu

sä koskaan et laihtua saa

ohra on ohraa, mut ihra on ihraa

sä koskaan et laihtua saa

Jokainen ihminen on pullon arvoinen

tuolla vanha juoppo makaa rannalla

hän kovin väsyneeltä nyt jo vaikuttaa

mitä jos menisit ja tervehtisit kunnolla

niin voisit lähimmäistäsi sä lohduttaa

katso häntä silmiin paiskaa tassua

ja tartu käteen kuoman poloisen

jos pyytää ryyppyä niin osta kossua

saat ystävän ja mielen hyvän oloisen

jokainen ihminen on pullon arvoinen

korkkaa pullo kanssa ystävän

juominen sen kestääpi vain hetkisen

mut muiston antaa sulle se niin lämpimän

pieni tyttö istuu yksin kadulla

on itkuinen ja vaateparsi likainen

on posket piskuisetkin hällä aivan kuopalla

ilma kylmä on ja aamu aikainen

pyyhi kasvot istu hetki vieressä

sit marssi suuntaan lähimarketin

kun vattumehupullo juodaan yhdessä

niin valoisampi ompi mieli kummankin

jokainen ihminen on pullon arvoinen

korkkaa pullo kanssa ystävän

juominen sen kestääpi vain hetkisen

mut muiston antaa sulle se niin lämpimän

Pirtu ja fatsi

fatsilla vain voi silmät niin loistaa

pirtua kun hän maistella saa

kossua jos sille yrittää ostaa

huokaisee vaan ja naurahtaa

uuteen kun nousen jälleen mä aamuun

kettiöön meen ja lämmitän veen

siellä mä törmään kalpeaan haamuun

itsellein kun mä kaadan teen

lantrannut on jo pirtua kuppiin

pohjalla tilkka kahvia on

pirtu kun nousee iskukin nuppiin

mieli on nuor ja huoleton

matkalla sohvalle kompastuu mattoon

otsansa lyö hän irvistäen

tunnelma jos ei kohoa kattoon

pirtulla häntä lääkitsen

valvoo yöt vaan, päivät paasaa

valvoo myös saan, vaivaa piisaa

ei häntä voi pois kotoa kantaa

vaikka hän onkin niin mahdoton

jos hälle tilkan pirtua antaa

kiltti hän on ja moitteeton

päivästä päivään elämme harhaa

kurjuutta pois ei pirtulla saa

turhaan mä ootan ruusuista tarhaa

mulla on vain tää kaunis maa

fatsilla vain voi silmät niin loistaa

pirtua kun hän maistella saa

kossua jos sille yrittää ostaa

huokaisee vaan ja naurahtaa

valvoo yöt vaan, päivät paasaa

valvoo myös saan, vaivaa piisaa

valvoo yöt vaan, päivät paasaa

valvoo myös saan, vaivaa piisaa

Teemu toi, Iita söi

hän ennen oli suloinen ja kaunis muodoiltaan

hän katseet käänsi missä kulkikaan

vaan oikukkaat on

elämämme käänteet luonnoltaan

ne saattaa muuttaa kaiken kerrallaan

hän kohtas pojan yllättäin, ol teemu nimeltään

se rakkautta oli raastavaa

mut puhunut ei järki, kuunteli vain sydäntään

se tuskaa tuotti rintaan polttavaa

minkä teemu toi sen iita aina söi

hän syöden lievitteli tuskiaan

niin alkoi aika uus, jäi taakse solakkuus

teemu suru silmin katsoi vaimoaan

on iita satakiloinen ei oo hän iloinen

pois lähti teemu kanssa jonkun muun

on kohtalomme oikukas se meitä koettelee

syö lohtuunsa siis iita, avaa suun

minkä teemu toi sen iita aina söi

hän syöden lievitteli tuskiaan

niin alkoi aika uus, jäi taakse solakkuus

teemu suru silmin katsoi vaimoaan

hän ennen oli suloinen ja kaunis muodoiltaan

hän katseet käänsi missä kulkikaan

vaan oikukkaat on

elämämme käänteet luonnoltaan

ne saattaa muuttaa kaiken kerrallaan

Avaa ulko-ovi mulle

avaa ulko-ovi mulle

loppu tuli seikkailulle

kaipaan lämpimään kylpemään

avain hukkui reissullain

nyt kovin oon pahoillain

avaa ulko-ovi mulle

anna anteeks parjatulle

viinaa piilottaa et sä saa

tarviin tasoittavan vain

ja pysyn taas tolpillain

jos sä avaa et niin

luulen kadulle mä joudun

pääni tästä painamaan, aina vaan

kaikki vaikeemmaksi käy

milloinkaan mua ei enää näy

jää muisto vain kun tuo puisto enää kai

yksin ois mulla kotinain

avaa ulko-ovi mulle

loppu tuli seikkailulle

kaipaan lämpimään kylpemään

avain hukkui reissullain

nyt kovin oon pahoillain

avaa ulko-ovi mulle

anna anteeks parjatulle

viinaa piilottaa et sä saa

tarviin tasoittavan vain

ja pysyn taas tolpillain

kun vain avaat oven näet että

kaikki kyllä aikanansa selviää, päänikin

häipyy viimein säälikin

toivo jää, huono viinapää

jää menneeseen, luotan vielä rakkauteen

toiste en sammu vuoteeseen

Jokainen päivä join liikaa

jokainen päivä join liikaa, elänyt en selvin päin

jokainen päivä join liikaa, viihteelle vain jäin

mä liikaa kulutin viinaa

ja liikaa kasvatin piinaa

juodessain

mä pystyin paljon juomaan ja kotiin kantamaan

ja päivät tyhjät varmaan sai lisää noutamaan

kun tuhlaa kaiken kaljaan, ei muuta jaksakaan

jokainen päivä join liikaa, elänyt en selvin päin

jokainen päivä join liikaa, viihteelle vain jäin

mä liikaa kulutin viinaa

ja liikaa kasvatin piinaa

juodessain

mä pääni tahdoin täyttää ja juoda minkä voin

nyt rahat menneen näyttää

ma liikaa toikkaroin

en järkee pysty käyttää

kun kaiken pohjaan join

jokainen päivä join liikaa, elänyt en selvin päin

jokainen päivä join liikaa, viihteelle vain jäin

mä liikaa kulutin viinaa

ja liikaa kasvatin piinaa

juodessain

en voi nyt kiinni laittaa mä korkkii milloinkaan

ei kai se muita haittaa jos juutun juhlimaan

kun päivä uusi koittaa, mä korkkaan uudestaan

jokainen päivä join liikaa, elänyt en selvin päin

jokainen päivä join liikaa, viihteelle vain jäin

mä liikaa kulutin viinaa

ja liikaa kasvatin piinaa

juodessain

Miljoona norsua

taas pöydät saa notkumaan

perheet käy illastamaan

hinnat mis halvimmat lie, sinne vie askelten tie

tarjouspöytä tuo on hetken vain koskematon

kympin kun maksat sä niin

syöt itses vaik tainnoksiin

miljoona miljoona miljoona norsua

haistelee tuoksua tuoksua paistosten

läskiä läskiä läskiä pizzat tuo

ottaisko lopuksi vielä leivoksen

santsaamaan kun ryhdytään

hitaimmat jää ähkimään

varmaa on kuitenkin tää, nälkä ei kellekään jää

ottaisko viel palasen, täyttäiskö taas lautasen

halvalla kerran kun saan

ei auta kuin ottaa vaan

miljoona miljoona miljoona norsua

haistelee tuoksua tuoksua paistosten

läskiä läskiä läskiä pizzat tuo

ottaisko lopuksi vielä leivoksen

herkut nuo nautinnon soi

paksusti kaikki nyt voi

kiitoksen aika jo ois

jaksaisko horjua pois

miljoona miljoona miljoona norsua

haistelee tuoksua tuoksua paistosten

läskiä läskiä läskiä pizzat tuo

ottaisko lopuksi vielä leivoksen

Kaiho

Lumikenttien hutsu

jääteille vaan tahdoin tuonne pohjolaan

sieltä rauhan löytää saan, niin kerrottiin

matkaan vaan, kohtaan jylhän erämaan

hanget kantaa voimallaan, kun kuljettiin

kylmä maa iskee miehen tajuntaan

viimalta en unta saa, yö valvottaa

viimein nään iglun pienen kodikkaan

nainen sitä asuttaa tuo pohjoisen

pääsen syliin mä naisen sen

hän mulle hetken suo lämpöisen

mä siitä maksan ja emmi en

jos kerran näät hutsun lumikenttien

pois sä enää tahdo et, jäät pohjoiseen

sinne vaan maahan tuntemattomaan

tahdot aina uudestaan, käyt matkaamaan

pääset syliin sä naisen sen

hän sulle hetken suo lämpöisen

sä siitä maksat ja emmi et

saavun syliin mä naisen sen

lisää hintaa vain tarvitsen

kun viimein palaan, mä lähden en

saavun syliin, saavun syliin

Buukkaa mulle Siitonen

ensi kuussa juhlat järjestän

vieraita kymmenen

ohjelmaakin toivon löytyvän

buukkaa mulle siitonen

kaikenlaista löytyy laulajaa

taso ei kummoinen

fredi taikoo tupaan tunnelmaa

buukkaa mulle siitonen

ennen laulettiin kuin enää ei

mikä lie taidot tulkinnan vei

tenori tuo ain on voimissaan vain

hän laulaja on lahjakkain

ennen biisit hyvin kun tuotettiin

kaivannut muuta en

nyt ne häipyy tuubiin tai nettiin

buukkaa mulle siitonen

ennen laulettiin kuin enää ei

mikä lie taidot tulkinnan vei

tenori tuo ain on voimissaan vain

hän laulaja on lahjakkain

ennen biisit hyvin kun tuotettiin

kaivannut muuta en

nyt ne häipyy tuubiin tai nettiin

buukkaa mulle siitonen

nyt ne häipyy tuubiin tai nettiin

buukkaa mulle siitonen

buukkaa mulle siitonen

Kolmatta kaljaa siemailen

mä kolmatta kaljaa siemailen kanssa irman
ja tiedän ettei se tähän jää
kun kolmannen kaljan kiskaisen kera irman
on vasta nuori iltamme tää

mä kohta lonkeron maksan sekä siiderin
myös hiukan ruohoa ostan kun nään diilerin
pian lisää rahaa mä nostan niin kuin ennenkin
pois haihtuu murheet menneetkin

kun kolmatta kaljaa siemailen kanssa irman
on vasta nuori iltamme tää
mutta kolmatta kaljaa kitusiin kun nielen
niin tiedän että en yhtä vain saa
kun mä kolmatta kaljaa kitusiin näin nielen
niin tiedän irmalta enää en saa

me ennen yhdessä oltiin yöt ja päivätkin

mut sitten näppini poltin kanssa aulikin

nyt poltan ruohon ja nortin ehkä kaksikin

vaan irmaa en saa takaisin

kun kolmatta kaljaa siemailen kanssa irman

niin tiedän ystävä on hän vaan

ei samalta tunnu tää ollenkaan

Mä mistä löytäisin sen taulun

mä mistä löytäisin sen taulun

sen maalas sieluin sivellin

mä mistä löytäisin sen taulun

mä sillä kaiken kertoisin

se täynnä tunnetta on syömmen

se näyttää taivaan sekä tähdet

jos luotain lähdet niin sinulle jää

mun kallein taulu kaunis tää

vaan mistä löytäsin sen taulun

se hukkaan joutunutko lie

jos voisin jostain löytää taulun

se muistoihini myöskin vie

mä opistossa kävin kurssin

ja tunnot piirsin tauluun mun

niin siirtyi siihen kaipuuni kun

en ollut luona rakkaan sun

mut kadottanut olen taulun

tuon taulun kallisarvoisen

voi kuka korvaa mulle taulun

tuon rakkauteni kaltaisen

nyt olen onneton ja yksin

sä lähdit pois ja taulutonna

mä jatkan matkaa orpona niin

jäi vain kaipuu menneisiin

Käytän kuivattua kanankakkaa

taas saapui suvi tänne pohjolaan

se viherpeukalot saa kuokkimaan

uutta multaa ostan marketista

kottikärryt noudan kellarista

on taimet taas mun aika lannoittaa

käytän kuivattua kanankakkaa

kauniit kukinnot se mulle nakkaa

koko kesän kukat taaskin loistaa hehkuaan

aina vaan

käytän kuivattua kanankakkaa

vaikka haju paha nenään pakkaa

mulle väriloisto antaa kesän onnekkaan

miks saavuin jälleen tänne kuokkimaan

kun ei ois oikein tähän aikaakaan

mulle mullantuoksu turvan antaa

kauas arjen huolet luotain kantaa

kas toimet nää saa minut viihtymään

käytän kuivattua kanankakkaa

kauniit kukinnot se mulle nakkaa

koko kesän kukat taaskin loistaa hehkuaan

aina vaan

käytän kuivattua kanankakkaa

tämä iloni ei kuunaan lakkaa

kun mä kesän kukat jälleen näin

saan hehkumaan

käytän kuivattua kanankakkaa

pakahtuva sydän aivan hakkaa

taivas sininen on, kanankakka tuoksuaan

suo aina vaan

käytän kuivattua kanankakkaa

kauniit kukinnot se mulle nakkaa

koko kesän kukat taaskin loistaa hehkuaan

aina vaan...

Kauneus ja terveys

Kasta vittu sankoon

nään tutut kasvot edessäin

jo pari kertaa ollaan nähty näin

me yhdessä nyt mennään teille

samoin aatoksin

jos vain meillä synkkaa niin

sänkyyn mentäisiin, sänkyyn mentäisiin

jos sä vitun kastat sankoon tiedän sen

että kanssain jaat hyveet puhtauden

mut jos sä suoraan rupeetkin vain sekstaamaan

on parempi kun pois laittaudun

sulle sovi en

vaan huolella jos peset alapään

silloin luokses jään

sä avaat oven vieressäin

ja portaikossa mietin mielessäin

oon yksin ollut vuoden ainakin, kai kaksikin

jos sä pimpin peset niin

luokses muuttaisin, luokses muuttaisin

jos sä vitun kastat sankoon tiedän sen

että kanssain jaat hyveet puhtauden

mut jos sä suoraan rupeetkin vain sekstaamaan

on parempi kun pois laittaudun, sulle sovi en

vaan huolella jos peset alapään

silloin luokses jään

kengät riisutaan

ja sitten pyydät hetken oottamaan

sä sangon haet kylppäristä

mä huudan oo la laa!

jos sä vitun peset luokses jään

jos sä vitun peset luokses jään

jos sä vitun peset luokses jään...

Kerrasto rikki

sul on kerrasto rikki näen suoraan sen

minä köyhien kanssa en nai

vaihda päälles sä ehjä ja puhtoinen

tai sanon armotta vain good bye

sul on kerrasto rikki näen suoraan sen

paljas perse ei vilkkua saa

herrasmies se on taatusti sellainen

joka toiveita mun arvostaa

nenän kaivaminen eikä piereminen

mua häiritse yhtään ei lain

jos sä juopottelet taikka laiskottelet

läpi sormien katson mä vain

mutta kerraston kanssa mä tarkkana oon

se sut johdattaa voi turmioon

vaik vaatepartesi on muuten moitteeton

risa kerrasto synkäksi saa

sul on kerrasto rikki näen suoraan sen

minä köyhien kanssa en nai

vaihda päälles sä ehjä ja puhtoinen

tai sanon armotta vain good bye

sul on kerrasto rikki näen suoraan sen

paljas perse ei vilkkua saa

herrasmies se on taatusti sellainen

joka toiveita mun arvostaa

toisen naisen mä vieläpä kestäisin

toisen miehenkin, niin kenties

jos sä öitäsi muualla viettäisit

siitä tuskinpa muuttuisi mies

mutta kerraston kanssa mä tarkkana oon

ota käskyni tää huomioon

petä, laula ja juo, mutta kerrasto tuo

pidä ehjänä puhtaana ain

sul on kerrasto rikki näen suoraan sen

minä köyhien kanssa en nai

vaihda päälles sä ehjä ja puhtoinen

tai sanon armotta vain good bye

sul on kerrasto rikki näen suoraan sen

paljas perse ei vilkkua saa

herrasmies se on taatusti sellainen

joka toiveita mun arvostaa

Menopaussi

menopaussi, menopaussi

menopaussi, menopaussi

menopaussi, menopaussi mulla oo-oo-oo-on

kuumat aallot nuo mut heittää kanveesiin

syke nousee taasen lähes taivaisiin

niinpä niin, mulla varmaan menopaussi oo-on

puna hohtaa melkein päästä varpaisiin

illat päättyy öihin kuuman nihkeisiin

joopa joo, mulla varmaan menopaussi oo-on

on nuoruus haihtuvaa sen tiesinkin

entisestä pois vuodet vie

oon raivonnut mä joskus ennenkin

ken pois pyyhkisi hien

menopaussi, menopaussi

menopaussi, menopaussi

menopaussi, menopaussi mulla oo-oo-oo-on

kuumat aallot nuo mut heittää kanveesiin

syke nousee taasen lähes taivaisiin

niinpä niin, mulla varmaan menopaussi on

joopa joo , mulla varmaan menopaussi on

on nuoruus haihtuvaa sen tiesinkin

entisestä pois vuodet vie

oon raivonnut mä joskus ennenkin

ken pois pyyhkisi hien

menopaussi, menopaussi

menopaussi, menopaussi

menopaussi, menopaussi mulla oo-oo-oo-on

kuumat aallot nuo mut heittää kanveesiin

syke nousee taasen lähes taivaisiin

niinpä niin, mulla varmaan menopaussi oo-on

joopa joo, mulla varmaan menopaussi oo-on...

Hyvää huomenta suoli

kalpeana kuljen kohti vessaa

suoli laulaa, vatsaa pakottaa

sudenhetki koittaa, unta en saa

mua pitkä päivä jälleen odottaa

kun toiset nukkuu vuoteissaan

mä kattoon tuijottelen vaan

pieru pääsee, ääni halkoo yön

jälleen vessan vedän uudelleen

ja keitän rauhoittavan teen

ja hetkeksi mä pääni tyynyyn lyön

hei huomenta suoli, hyvin pyyhkii

mä koko rullan taisin kuluttaa

ilman serlaa tulis paljon paskapyykkii

vois jarrujäljet hiukan nolottaa

elintapojani aion muuttaa

lääkäriltä oivat vinkit sain

toistaiseksi suoli vielä pruuttaa

pian entinen on muisto kalpee vain

kun toiset nukkuu vuoteissaan

mä kattoon tuijottelen vaan

pieru pääsee, ääni halkoo yön

mä kertaan ohjeet tohtorin

ja koisaan tunnin, toisenkin

kun aamu on mä jaksan alkaa työn

hei huomenta suoli, hyvin pyyhkii

nyt makoisasti öisin nukuttaa

ilman serlaa pärjään, ei tuu paskapyykkii

voin vaivan mappi ööhön hukuttaa

Kampaus on mennyttä

kun katson peiliin hymyilen

ja syynkin tiedän kyllä sen

on kauniit kiharat mun niin

ne yltää päästä lanteisiin

mä pesen hiukset huuhdellen

ja latvat hellävaroen

ja turvaan hoitoaineisiin

kalliisiin laatutuotteisiin

mä sanon

kampaus on mennyttä

jos et käytä sadevettä

vältä kuumaa fööniä

hiero myöskin päänahka

hanki kunnon hiuslakka

hiusta pitää helliä

vaan sanon

kampaus on mennyttä

jos sä pidät kiirettä

kutrit kaipaa hoitoa

piennaryrtin uutetta

sadeveden puutetta

mikään ei voi korvata

kas silmiin nousee kyynel kun

mä puhtaat hiukset näen sun

vaan ilon kyynel on se vaan

ja kanssas laulan uudestaan

mä sanon

kampaus on on mennyttä

jos et käytä sadevettä

vältä kuumaa fööniä

hiero myöskin päänahka

hanki kunnon hiuslakka

hiusta pitää helliä

vaan sanon

kampaus on mennyttä

jos sä pidät kiirettä

kutrit kaipaa hoitoa

piennaryrtin uutetta

sadeveden puutetta

mikään ei voi korvata

Tamppoonia!

tamppoonia, hakekaa tamppoonia

kohta vuodan kuiviin, tyttösen käsky kiirii

tuo neito nuori on ja tyyli aivan verraton

hän hiuksiaan harjaa, hän on malltamaton

kas juhliin aikoo kanssa ystävän

päälleen laittaa asun näyttävän

vaan yllätys vallan nyt kaiken sekaisin saa

hei manana mana nana manana

mana nana mana manana nana nana

tamppoonia, hakekaa tamppoonia

kohta vuodan kuiviin, tyttösen käsky kiirii

tää ensi kerta on

kun näin neidolle käynyt on

hän älähtää aivan

hetken on hän neuvoton

luo muorin on neidon mentävä

on askel melko lentävä

hän äitinsä kohtaa ja käsky kaikuen soi

hei manana mana nana manana

mana nana mana manana nana nana

tamppoonia, hakekaa tamppoonia

kohta vuodan kuiviin, tyttösen käsky kiirii

näin neidon käsky kaikuen käy:

mananana...

mana nana mananana, mana nana mananana...

tamppoonia! tamppoonia! tamppoonia! tamp-
poonia!

manana mana nana manana

mana nana mana manana nana nana

tamppoonia, hakekaa tamppoonia

kohta vuodan kuiviin, tyttösen käsky kiirii

tamppoonia, hakekaa tamppoonia

kohta vuodan kuiviin, tyttösen käsky kiirii

Kiitokset:

Armi Aavikko, Monica Aspelund, Klaus Blomqvist, Carola, Danny, Fredi, Lars Hulden, Kai Hyttinen, Antti Hyvärinen, Chrisse Johansson, Veikko Juntunen, Tapani Kansa, Karma, Katri Helena, Pasi Kaunisto, Eino Kettunen, Laila Kinnunen, Kisu, Brita Koivunen, Paula Koivuniemi, Lea Laven, Veikko Lavi, Jyrki Lindström, Kaisu Liuhala, Marion, Esa Nieminen, Päivi Paunu, Satu Pentikäinen, Jukka Raitanen, Eero Raittinen, Jussi Raittinen, Aarno Raninen, Merja Rantamäki, Raul Reiman, Pertti Reponen, Virve Rosti, Vexi Salmi, Pauli Salonen, Veikko Samuli, Saukki, Seija Simola, Riki Sorsa, Arto Sotavalta, Taiska, Juha Tapaninen, Kari Tapio, Vera Telenius, Jamppa Tuominen, Kari Tuomisaari, Juha Vainio, Pepe Willberg, Olavi Virta, Tarja Ylitalo.